단, 십일 초

단, 십일 초

홍희숙 시집

세종출판사

작가의 말

나무 밑 그늘이 편안했던 지난날
춘란 잎이 화선지에 스며드는 전율을
주체할 수 없어
꿈속과 세상속 경계에서 방황하던 시간들,
이제 자연 풍경 앞에서
일그러졌던 내 얼굴을 껴안고
일상을 접는 노을에 기대어
소외된 사람들에게 시선을 돌리고
풍경으로 서 있고 싶다

차례

1부

2부

3부

4부

5부

해설

1부

소나기

너를 만날 때
이미 난, 눈물을 안고 있었어
이글이글 불타는 눈
아스팔트 길 위를 뜨겁게 달구고
잠재울 수 없는 불덩이
사자처럼 울부짖는 가슴을 본 것은
우연이 아니야
붉은 피처럼 쏟아지는 뜨거운 눈물
창백한 얼굴에 가려진 너의 그림자
함께 지우고 싶었어, 그것 뿐
찬란했던 시간, 순식간에 사라지고
난데없이 휘몰아치는 바람
강물은 끊임없이 출렁서리고
더 깊어진 강
건너올 수 없었어,
너를 만난 것은 나를 만난 거야

꽃게

구포시장 어물전
난, 물 좋은 니가 먹고 싶어
두 눈 빤히 쳐다보는 걸 외면한 채
검은 비닐봉지에
집어넣어 집으로 오는 길
비좁은 비닐봉지 속에서
다리 열 개가 휘젓는 소리
자못 파도치는 소리
칼날 같은 발톱으로
내 깊은 살
허벅지를 쿡 쿡 찔러보는
저항, 맹렬한 저항을 꺾고
펄펄 끓는 물에 집어넣었다
연분홍빛, 발갛게 변한
비로소 꽃게로 피어나는 꽃게
저를 보호한
갑옷 같은 껍질을 벗겨내고
저항하던 발톱도 잘라 냈다
보얗게 드러난 속살
입안에 도는 군침,
나도 한 마리 짐승이다

어디로 가고 있다

어쩌면 난,
전생이 구름인지도 몰라

기다리는 순간이 벅찬 시간
어디로 가고 있다
물결치는 대로 철썩철썩
고래 등을 타고 물개춤을 추면서
쏴아 부서지는 떨림으로
어디로 가고 있다
나를 어디에 놓아 둔 채
먼 여행지처럼 바닷길을 따라
그냥 이방인이 되어

초승달 뜨는 그리움으로
생명이 춤추는 바다 어디로 가고 있다

가을처럼, 붉게 타오르던 가슴이 있었나

안개비 걷힌 하늘
바람이 그리다 만 갈색잎에
세월이 갉아먹은 빨강 노랑 파랑
무지갯빛
티 없는 흰구름이 들어가 있다
살아있어 아름다운 시간
울긋불긋 단풍잎 떨어지는
만추의 숲에서
안개꽃 한 무더기 피어오른다
가던 길을 멈추고 돌아보니
눈앞에 밟히는 건 이끼와 돌, 잡초
뒹구는 마른 낙엽뿐
구르몽 시인과 함께하는 저녁
낙엽을 밟으며
아름다운 슬픈 은행잎을 바람에
한잎 한잎 날린다
꺼지지 않는 불꽃을 태운다
촛불처럼

찬서리에 피지도 못한 철쭉 꽃몽오리
꽃 지고 나면 꽃 피는 줄 알까요

봄의 소리

꽃샘바람에 산과 들이 들썩이는데
당신 소식은 들리지 않고
나무 흔들리는 소리만 들려요
드문드문 들려오는 소문
당신은 어디쯤 있나요
아파트 벽이 너무 높은가요
내 키를 조금 더 낮추어 볼까요
수줍어 꿈꾸던 어느 봄날
물방울 또르르르 구르는 소리
꽃잎만 스쳐도 파르르 떨던 당신이
내게 살짝 들려 주었지요
상상만 해도 감미로운 선율
내 귀에 생생히 살아 들려요
요한스트라우스이 꽃이 춤추는 봄의 왈츠
이제 당신이 조심스레 다가오면 화사한 자태로
아무 생각없이 부드러운 리듬에 맞춰 춤출게요

거리에서

느닷없이 우뚝 솟은 빌딩이
바람을 막으며 사람을 밀어낸다
낮과 밤이 없는 신호등
바람이 길을 잃고
의미와 무의미의 행간을 오가는 사람들
낯선 커피 집에 앉아
낯선 이야기를 하다 돌아선 거리에
나는 서 있다 친구야,
폭염과 굉음으로
불신의 까만 먼지를 날리는 거리
얼어버린 도시는 낮과 밤이 없다
별도 달도 숨었다 친구야,

차가운 거리 낮달과 낮별들
성에 낀 창 너머로 별을 찾는 사람들
태양은 언제 뜨느냐며 묻는 사람들
저마다 잃어버린 시간 속에서 먹먹한 가슴
만남의 능선에는
희귀한 꽃이 피고 새가 우는데

낯선 커피 집에서
낯선 이야기만 하다가 거리로 나선다
친구야,

유통기한

냉장고에서 우유를 꺼내
유통기한을 살핀 다음 마셨다
우유팩을 쓰레기통에 집어넣으면서
문득 떠오른 나의 유통기한
티브이에서 연일
인간의 유통기한을 백세로 연장한다
우유에게 미리 정해 놓은 유통기한처럼
나의 유통기한도 있을 터
내 유통기한을 딱 백세로 정해버린다

창밖에선 나무들이 푸른 나뭇잎을 떨군다
아직 파란데 떨어진 나뭇잎들
저들도 정해진 유통기한을 사는 걸까?
떨어진 나뭇잎을 바라보며
아직 버리지 못한 가슴 속 가시를 쑥 뽑아낸다
가시를 뽑아 낸 텅 빈 곳으로 바람이 불고
그리로 그들이 지나간다
지금까지 내가 길을 막아 버렸나 보다

그 말이 그립다

그 말 때문에
길을 가다 주저앉을 것만 같을 때
문득 떠오른
그 말 때문에
인연은 청춘의 산을 넘어
지천명의 강을 건넜나 보다
금강공원 정상 케이블카에서
깎아지른 산 아래까지
아찔한 산을 거쳐 나를
가볍게 업고 내려온 사람의
따뜻한 등
평생 책임지겠다며 반짝이던 눈
꿈속에서 본 백합이 '당신이야'
진지하게 속삭이던 말
마음 깊은 곳에
원석처럼 숨어 있었나 보다
금강케이블카도 사라지고
그때 그 말도 사라지고
반짝이던 눈빛도 사라져 버렸다
세월이 흘러갈수록 문득문득 떠오른
그 말이 그립다

같아서 1

난 그늘진 골목길에 익숙하다
막막한 큰길은
오아시스에서 물을 찾는 사막 같아서
눈 부릅뜨고 달려오는 자동차 눈빛
살인 같아서
찬란한 빛에 가린 어설픈 마음
흩어지고 부서지고 깨어지고 비굴해지고
착각하고 마는 우울한 눈빛 같아서

좁은 골목길 들어서면
드문드문 들려오는 정다운 소식
기쁘고 슬픈 소문 하나 가지고 와
실타래처럼 다 풀어 놓아도 좋을
끈끈한 정 같아서
뉘 집 담에 기대어 펑펑 울어도 좋을
그늘진 골목길
스치고 마주보고 끌어안고 포근한 시선
사람이 머무는 안식처 같아서
불빛 고운 눈빛 같아서

같아서 2

겨울 산은
수많은 별이 사연을 끌어안고
빈 뜰에 앉아 있는 마른 손 같아서

부끄럼 없이 벌거벗은 나무
허공에 그리는 무늬
절정을 넘어선 햇살 같아서

인적 드문 불 꺼진 가로등 밑에서
쓸쓸히 뒹구는 낙엽
겨울 나그네 같아서

황량한 사막 성난 바람을 빌어내고
우뚝 솟은 해
눈부신 황금빛 같아서

겨울 산은 지금
겨울 산으로 서 있다

나는 모른다

플라톤 소크라테스 아리스토텔레스
그 깊이, 시도 모른다

태풍이 지나간 이른 아침
땅만 보며 논밭에 문안 인사 가시는
등 굽은 할머니
비가 오면 비에 젖고
바람을 만나면 바람과 함께 뒹구는
그 마음 나는 모른다

마음의 창을 열면
손에 닿을 듯 가까이 와 있는 산
신선한 바람이 손님처럼 들어와
연두색으로 두근거리고
가을 산이 오색으로 들썩거리면
어느새 붉어지는 내 마음 나는 모른다

12월의 달력 한 장
재깍재깍 잠들지 않는 벽시계 소리

신경세포에 꽂힌다
일상을 휘감고 질주하던 광란의 어젯밤
아침 햇살에 가차없이 무너지고
반복되는 하루가 생소해진다
어깨에 쌓인 시간이 무거워 내일이 우매해지는
오늘, 내일을 알리는 종소리가 먼 기억처럼 멀어져
시간에 기대는 내 마음 나는 모른다

색을 탐하다

말이 왕창 무너지는 날
마음 한 곳 둘 곳이 없어
색을 탐하러 백화점으로 간다
거울 앞에서
바람의 원색옷을 입고 쇼를 한다
보석 박힌 카멜레온색을 탐하다
금세 잊었던 노랑색에 눈이 간다
화끈 달아오르는 빨강색
커튼에 가려진 신비스런 보라색에 끌리는 손
흰 바탕에 검은 물방울무늬 원피스가 눈이 부시다
헛꿈을 꾼 무지개빛 눈꽃처럼 사라진다
칠면조처럼 색을 탐하다
내 마음에 꼭 맞는 옷이 없어
목욕탕으로 간다
호기심 사라진 마네킹처럼
한겹 한겹 속옷까지 다 벗는다
물안개 속, 탕 안

흔들리는 나무

파스텔 물감이
연두잎 사이로 화사하게 번지던 설렘
꽃샘바람이 상큼한 향기를 떠밀고 갔나
미풍에도 가늘게 떨리던 초록잎은
견딜 수 없는 잦은 비에 차오르는 기쁨도 잠시
초록잎에 오색무늬가 그려지더니
천둥 번개 몇 개 지나가고 구멍 송송 난 갈색잎
바람 불 때마다 하나 둘씩 떨어진다

흔들리는 나무
말이 무참히 쓰러지는 날
하늘은 온통 회색빛
모두가 낯설어
나무늘은 어디에도 보이지 않고
당신은 거기에 있고
나는 여기에 있다
낮은 산, 적막한 숲속으로 스며드는 저녁
어디론가 멀리 날아가는 새
먼 여행을 하는 걸까
산다는 건 끝없는 물음표

가을 너머로

저 너머 갈색산
새들도 길을 잃은 골짜기
무성했던 소문
길 위에 서 있네
훌쩍 가을의 끝자락
빈 의자에 앉아 있는 그림자
바람인지
갈대인지 아직도 몰라
기다림은
채색할 수 없는 그림으로 남아
사람들은 멀어져 가고
나는 잊혀져 간다
비상하며 날아가는 새는 어디로
흔들리던 마지막 잎은 어디로

유채꽃밭에서

언제 너의 향기를 진하게 품어 본 적 있나
척박한 오지에서
너의 시렸던 그 겨울을 생각하며
울컥 울음을 삼킨다
이 팍팍한 세상
더는 더러움에 물들지 않고
마음껏 품어내는 너의 노오란 체취
나는 잠시
너의 진한 향기에 취해
시적 몽환의 세계로 빠져 본다

하얀 민들레처럼

한기가 파고드는 요지부동인 뒷방에
마른 장작처럼 쪼그라든 생애가
긴 터널 안에서
버석거리는 하루, 하루를 힘겹게 버티는 듯
두 눈에 고여 있는 눈물이
세상 밖 마른 잎처럼 메말라 간다
해뜨기 전 먼저 집을 나서던 때가 엊그제
낮이 짧은 막바지 겨울 산을 넘어가는
네다섯 시쯤인지
들썩이지도 않은 이불속 손이 얼음처럼 차다
부석부석 흩어진 머리카락
오래된 얼룩진 거울에
반백의 내 얼굴이 겹친다
영하의 빈터에 가끔 희끗한 발걸음이 지나가고
마른 쭉지 서걱거리는 소리가 들린다
바람 불지 않아도
가볍게 날아갈 것 같은 하얀 민들레

2부

단, 십일 초

꽃은 아픈 만큼 활짝 피나요

꽃샘바람에 심장이 열리고
생살이 찢겨
꽃봉오리가 봉긋봉긋 터지고서
붉은 꽃비가 낭자,
짜릿한 십일 초

꼿꼿하게 서는 망상이
바람의 장난은 아니겠지요
혼미한 햇살에 벌거벗은 나무가
활 활 활 활
성벽에 기대어 온갖 빈거로움을 멈추고
각진 의식이 혼절하는 교삼
단, 십일 초

왜 꽃은 그토록 아프면서 피나요

눈부시다

벚꽃나무 밑에서

서성거리다가
우두커니 서 있다

꽃 한 무더기 떨어진다

한 번도 눈물 흘리지 않은 것처럼
나비처럼 춤추는 벚꽃
떨어지는 순간이 눈부시다

황혼이 눈부시다

낙동강변
서산에 걸려 있던 해
황금색 물감을 풀어 놓고
황홀하게 넘어간다
달리는 버스 안
사람들 얼굴이 환해진다
한 폭의 그림
마지막 순간이 눈부시다

사람의 생
징수 백세라 한다
건강나이 육칠십 세인데
몸을 던져 불태운
황금빛 들판
출렁이는 씨알들이 눈부시다
껍질에 남긴
검버섯꽃이 그림이다

우리 농담했나요

숲속 어린이 체험공원
깡충깡충 토끼처럼 뛰노는 아이들
할머니
밥 먹었나요, 고마워요
어디 가세요
하늘 밑 땅끝 비 줄줄 새는 천막에요
나이는요, 한 살요
식구는요, 백 명요
아이들 떼구르르 구르며 웃는다
어디 아파요
아픈 데 없는데요
자식은요
아들은 직장에 빠졌고요
딸은 마음에 빠졌어요
나는요, 수영을 하다 맹탕에 빠졌어요
치료는요, 미안해요
지금 느낌은요
벌써 죽었어요
다시 살고 싶나요,

또 죽나요, 바람 살랑살랑 부는
산에서 살 거예요
우리 농담했나요, 아 치매면접이군요

아, 저기 개나리 철쭉꽃 피었네요

당신과 나

언제부턴가 한쪽 귀가 멀어진 당신
당신은 먼 기억에서 나를 잊어가고
나는 가까이에서 당신을 기억하네
전생에 다른 섬에서 만난 당신과 나
폭언과 굉음에 시달린 귀
누가 던진 돌에 맞았는지 진물이 흐르네
인연의 역할이 바뀐 자리
당신 손은 얼음장처럼 차가웠고
내 손은 몸살을 앓았네
비 개인 맑은 날 아침
다정하게 손잡아 본 적 없는 당신 손을 잡고
솔숲 길을 나란히 걸어가네
뻐꾸기가 노래하면
토끼처럼 한쪽 귀를 쫑긋 돌리는
서늘한 눈에 언뜻 비치는 눈물자국
햇살에 잠시 번뜩이네
바람에 힘없이 날리는 머리카락
까칠까칠한 소나무 껍질 같은 당신 손
당신 손을 잡고 가는 내 손은 땀에 젖어드네
내려오는 솔숲 길
당신 발밑에 수북이 쌓여가는 솔개비

어머니

당신의 키가 작아진 만큼
내 몸은 바람으로 부풀고 키만 커졌어요
당신의 가슴은 아픈 만큼 더 넓어지고
내 가슴은 욕심만큼 노폐물만 쌓였어요
당신은 울면서 웃고 있는데
나는 생각없이 깔깔깔 웃었어요

산다는 건
수시로 안개비 내리고
순식간에 꽃처럼 사라지는 바람인가요
어 머 니

기억

간이역에 가면
꼬치구이가 있고 친구가 있다
기다려도 오지 않는 사람이 있고
미처 떠나보내지 못한 마음이 있다
꽃망울에 맺힌 이슬방울
그늘 밑 개울가에
한 발도 건너지 못한 고무신 한 짝
먼 옛날 철길 위에서 기적소리 귀에 웅웅거린다
붙잡지 못한 하얀 손수건이 바람에 휘날린다
함박눈이 펑펑 쏟아지던
빛바랜 간이역에도 기다리는 봄은 온다

너의 얼굴

포장 박스에 웃는 얼굴을 그린다
새콤달콤한 레몬 오렌지맛
쓰디쓴 씀바귀, 톡 쏘는 청량고추
따스한 온기
끈끈한 정을 함께 묶어 보내면
며칠은 웃는 얼굴이 집안 가득하지,
너의 얼굴이,
할 말은 너무 많은데 바람에 날려 보낸다

뒤뚱뒤뚱
빨간 세발자전거 타던 아이야
황막한 미지의 모래밭에서
오아시스를 찾는 미로의 시간
갈증으로 지칠 때
제 몸을 태우면서 알알이 익어가는
해바라기처럼 노랗게 웃는 얼굴로
부끄러움 없는 한 알의 씨알이 되기를
택배를 보내면서
웃는 얼굴을 그려 본다
너의 얼굴

침묵

막바지 산능선을 넘어가는 목숨 앞에서
말은 이미 무의미다

기다려 주지 않는 사람의 숨소리가
당신 곁을 떠나 있는 듯
두 눈에는 눈물도 없다
닫혀 있는 입에서 말 대신 흘러내리는 침
요양원 병실 벽에 가볍게 부딪치는
휠체어 바퀴 구르는 소리
바람도 발걸음도 버린 듯
점점 흐릿하게 멀어져 가는 등불처럼 고요하다
생각없이 멀뚱한 티브이 개그는 사치고 고통이다
살아있다는 것이
발길에 차이며 구르는 돌멩이가 차라리 부러운
창안에 던져진 슬픔이다

살아있는 날까지
노상 기저귀를 품고 누운 아이보다 더 축축한 몸으로
자꾸만 나를 부른다

뜻도 없이 사랑을 달라고 자꾸만 나를 조른다
무거운 허공을 등지고
가까이 있어도 먼발치의 가벼운 사람
말이 없는 사이에 꽃잎 하나가
푹 꺼진 침대에서 사르르 눈을 감는다

어둠이 걷히고
새벽이 오는 길에서
한번쯤은 아프고 기뻐하던
시간이 가슴에 와 닿을까
아이가 되어야 큰 사람이 된다지만
시계 바늘을 거꾸로 돌리고 싶어 버티는 사람이
득음할 것도 없는 공허한 시간
말은 이미 침묵 앞에서 무의미하다

인연

지갑을 열면 당신 얼굴이 그려져
눈물이 글썽글썽
당신은 늘 외로이 날으는 기러기
언제나 갈증인 나
길들여진 화폐
약이었고 독이었네요
거부할 수 없는 속물
수평이 아닌 수직 관계는
늘 불안했어요
나를 낮추고서 편안한 관계

인연의 긴 시간은 세월만큼 멀어지고
이제 가야 할 시간은 짧아
다정한 눈빛,
처음처럼
마주보며 걸어가야겠어요

산

네가 품어주는 가슴 안에서
뿌리내린 나무
언제나 해 뜨는 아침은 아니었지
바람 부는 날이면
잎 떨어져 적막 같은 시간
너와 나의 거리는
손에 만져지지 않는 별의 거리만큼 멀어져
내가 너에게 스며드는 오랜 시간
잃어버린 시간을 찾아가는 여행은
우주 공간만큼 먼 거리
모래로 퍼석거리는 사막이지만
춤추는 환상의 날갯짓으로
고통으로 피어나는 꽃들을 보며
더 깊어진 심연의 뿌리로
구름으로부터 벗어난 시간
해는 짧아지고 밤은 점점 길어
몸은 한기로 쓸쓸하지만
내가 네 안에서
나를 찾아가는 순간은 산을 넘는 시간

늘 웃는 그녀

사철 산쪽으로 귀를 열고
뻐꾸기 우는 소리에 눈을 감는 그녀
집 주소는 까마득해
제 이름도 잊고 사는
어느 먼 곳에서 온 낮달 같다
산과 들을 고라니처럼 뛰어다니며
뻐꾹새 울어도 늘 웃는다
호박이 담 너머 올 것 같은
멀리 있어도 환한 얼굴
빛 좋은 날이면
여물지 못한 대추를 비좁은 마당에 말리며
싱긋이 웃는다
담벼락에 기대어 있는 대추나무 같은 그녀
마루 끝에 걸터앉아
봄을 기다리며
빈 둥지를 하염없이 바라보는 듯

떠도는 구름

하루에 하루를 더하는 무감각의 시간

안개 만나 헤매일 때
몰래 스치는 바람 한 점
사람이 그리워
하늘을 보고
꽃을 보고
그냥 웃으며 걸어간다
어느새 발걸음은
바람을 따라가는 듯
손 내밀어 보지만
잡히는 건 아무것도 없다
인간의 소리일 뿐
그저 바람소리에 흔들리고 있을 뿐

봄이여

분홍 꽃신을 신고
이슬처럼 맑은 새의 눈빛으로
너를 마주하려 한다
나를 잊고 있는 동안
네 입김이 코를 간질이던 봄이여,
오열하던 불장난을 멈추고
빗발치는 비의 눈물도 거두고
파아란 하늘에 핀 구름꽃처럼
환하게 빛나는 너의 보드라운 흰 살결
이제 울음을 뚝 그치고
긴 어둠의 방에서 두려움 없이 나와
방황의 끝자락에서 조용히 슬픔을 껴안고
가만히 흔들어 주는 가슴 안으로 들어가
너의 따스한 눈에 입맞추려 한다
봄이여
가슴을 활짝 열고 눈을 크게 떠 봐요

알 수 없는 그 꽃길

황령산 능선을 타고
바람따라 들려오던 풍금소리
참새처럼 마냥 즐거워
재잘재잘 지저귀며
복숭아꽃 따 먹던 어린 시절
하늘엔 흰구름이 뭉실뭉실
한가로이 떠다니고
노랑나비 훨훨 날던 언덕
꽃단장한 꽃상여
딸랑딸랑 방울 울리면
구슬픈 가락은 환상의 하모니
산울림이 되어
산길이 열리고
발걸음이 가벼워진 사람들
마냥 즐거워 졸졸 따라가던
알 수 없는 꽃길

해바라기

얼마나 간절했으면
온종일 해만 바라보았을까

얼마나 그리움이 사무쳤으면
까만 옹이
빈틈없이 알알이 까맣게 박혔을까

얼마나 가슴이 뜨거웠으면
소중한 씨알을 다 내어주고
저토록 말라
빈 들판에 홀로 서 있을까

비어 있는 방

사람 온기가 냉랭한 두 평 남짓한 방
몇십 년 묵은 장롱 안 사진첩에
청초한 십칠 세 소녀가 기모노 옷을 입고
연노란 수선화 꽃자수를
한 올, 한 올, 수놓고 있다

당신이 서러울 때
그리움의 시간을 비우며
먼 고국의 파아란 하늘을 바라보던 맑은 소녀가
곧 삭아 내릴 것 같은 틀니처럼
벗이 놓은 꽃자주색 속옷이
당신이 비워 둔 빈방에서
거울 안을 기웃거리고 당신을 기다리고 있다

초록눈

살얼음판에서 눈초리에 밟히고 발길에 차여
흙을 보듬어 안고 겨우 일어선 시금치
살아나야 한다고
빈 들판에서 몇 번이나 소리 질렀던가
엄동설한 얼었다 녹았다 자란 초록눈에는
정치니 이데올로기니
세상의 시끄러운 소리는 귀에 들리지 않고
흙 속에서 다급한 고뇌만 자랐을 뿐

누구의 매서운 손끝이었는지
바람 찬 겨울 비에 지하 계단 통로 바닥에 바싹 엎드려
바늘 같은 따가운 눈길도 아랑곳하지 않고
빛나는 하늘이 숨어 있는 봄 기운인지
따스한 시선에 여린 초록 눈을 깜박거리고 있다
어린 수줍은 미소,
죄 없는 목마름에 봄비가 촉촉이 내리고
어둠에서 벗어나 포근한 햇살이 비친다
무릎 꿇지 않아도
사랑을 흠뻑 먹고 싱싱하게 훌쩍 자랄 초록눈

3부

가을비 그치고

안개 걷힌 먼 산
오색으로 들썩이는 나무
젖은 잎을 말리네요
이별을 예감하는 풀벌레 몸을 숨겨요
제빛을 잃은 단풍잎
무거운 시간이 흐르네요
절정을 지나온 알찬 밤송이 기쁨이 한창
이른 서리에 피어난 꽃몽우리
꽃 피고 나면 꽃 지는 줄 알까요

베란다에 축축한 옷을 말리다
뚝 떨어진 동전 한 닢
젖은 시간을 견뎌 낸 눈물일까요

뜨거운 여름날

무거운 짐 가득 안고
불타는 하루를 끌고 간다
땀냄새 범벅이 된 육신, 지쳐 쓰러진 오후
얼음물에 띄운 시간
추억을 휴지통에 구겨 넣고 웃음 흘린다
외면된 도시 너머
창백한 얼굴로 걸어 간다

뜨거운 남자가
산 위에서 신나게 노래를 부른다
손발로 박자를 맞추고 입으로 반주를 한다
트로트는 산울림이 되고
사람들을 울리고 웃긴다
그 남자의 신바람이 머릿속 묵은 때를 벗긴다
지친 하루해가 쉬어서 간다

시간 속에서

베란다 구석으로 밀쳐 놓았던 나무
간수하지 못하고
마음 놓아 버린 사이 삐쭉삐쭉
시든 가지에서 새순이 나와 있다
세월이 안겨 주는 선물인지
잠잠하던 가슴이 일렁거린다
흐르는 시간 속에서
뒷모습만 보이고 간 얼굴
희미한 초승달처럼 떠오르고
점점 황금색으로 물들어 가는 발자국

겨울 나무

사람이 없다

무성했던 소문
떨림은
뜨거웠던 포옹
기다림은 어디로
쓰다 만 일기장에 남아 있는
지워진 얼굴 낙엽되어 젖어 있다
훌쩍, 가을을 뛰어넘은 시간
빈 의자에 앉아 있는 그림자
채색할 수 없는 배경
사람들은 멀어져 가고 나는 잊혀져 간다
설레는 마음 언제였던가
또 다시 서글프겠지만
어제도, 내일도 너에게로 간다

은하사

김해 신어산 줄기
산수화를 수놓은 듯
병풍처럼 둘러싸인 그림 같은 산 아래
'달마야 놀자' 던 은하사
천년의 혼 대웅전에 머물고
솔향 머금은 돌부처 미소
생사고락을 내려다보고 있다

돌계단은 아득하기만 한데

발걸음이 천근이다

삼라만상 인간사 불경소리에
두 손 모으고 명상에 젖어든다

숲에서는 말도 소음이 된다

누가 뱉은 말인지
앙상한 가지에 걸려 전송되지 못하고
시공을 떠다니며 귓속에서 윙윙거린다
별들이 흐르는 시간
새들의 가식 없는 몸짓을 가시적인 눈빛으로
황홀한 독백이나
빙벽을 깨는 요란한 소리로
땅속에 켜켜이 쌓인 허무를 가벼운 푸념으로
허탈한 날개짓을 하는 것은 아닌지
거북 등껍질 같은 가면을 벗고
맨얼굴로
말도 소음이 되는 숲에서
자리에 연연하지 않는 사람을 만나면 물어볼까

환한 아침

햇살 떨어지는 숲속 작은 연못 개구리
수천 마리 알을 부려 놓고 숨었다
라일락 향기를 안은 콩알만한 올챙이
어미가 두고 간 알집 옆에
어미를 찾는지
둥글게 모여 쉴 사이 없이 꼬리를 흔든다

자연 체험 온 아이들
올챙이를 흰 손바닥에 올려 놓고
신기한 듯 참새처럼 재잘재잘
맑은 눈망울이 반짝 빛난다
이슬을 먹고 바람을 마시고 자랄 올챙이처럼
환한 아침에
꿈을 먹고 벌써 쑤욱 자란 것 같은 아이들

맑은 하늘에 한줄기 소나기

모두들 스마트폰에 꿈을 담아
달리는 자동차에 몸을 맡기고 눈을 감는다
어젯밤 돼지꿈을 꾸었는지
악몽에 시달려 식은 땀을 흘렸는지
비몽사몽 눈꺼풀이 한짐이다
삶의 무게로 굴러가는 자동차
투덜투덜 덜커덩 멈춘다

쫓기는 듯 홀린 듯 떠다니는 사람들
집 전화는 불통
사연은 아스팔트 위에서 뒹굴고
표정 없는 얼굴 시간에 갇혀 울고 웃는다
맑은 아침에 한줄기 소나기

먼 산 청정한 소나무가 가까이 와 있다

야간 등반

누가 정해 놓은 시간인지
바람개비처럼 돌고 도는 시간
마음을 풍선처럼 부풀리며 겨울 산을 오른다
온통 잿빛 하늘
발 딛는 곳마다 사방 뚫려 있는 아찔한 절벽
눈보라가 온몸을 휘몰아 감는다
한눈팔면 낭떠러지
얼어 마비된 손, 따스한 눈빛 주고 받으며
정상을 향해
첩첩이 쌓인 하얀 산
하얀 눈을 밟으며 앞만 보고 오른다
동쪽 하늘에 천상의 붉은 신이 떠오르는 듯
천지가 붉은 꽃밭
하얀 고사목 붉은 찰나의 순간이 스쳐 지나가고
가슴에서 가슴으로 주홍빛 번져 간다

냉장고

여름내
열받아 끙끙 앓았다
심장은 콩닥콩닥
가슴은 두근두근
응급 진단, 부정맥
피가 거꾸로 돌았다나
잠시 멈추었다나
내 안에 꽉 차있는
식물성 동물성
내 몸에 좋다는 기능성 식품
무농약 무항생제
숨쉴 틈 없이 삼킨 노폐물
가스가 차 아랫쪽 배수관이 막혔다나
긴급 처방전
창문도 대문도 활짝 열어
불덩이 같은 내 몸을 식히고
속은 반만 채우고
반은 비워야 한다나

수채화

한적한 바다
하늘이 텅 비어 있다
쓰다 만 일기장에 그려 놓은
수줍던 마음
그곳에 가면 있을 것 같아
파도가 떠난 자리에 등대처럼 서 있다
아닌 척 훔쳐보던 미소
바다 위에 떠 파도처럼 쏴 밀려온다
끼룩끼룩 갈매기가 살짝 스쳐가고
묶어 둔 배가 흔들린다
섬섬 멀어져 가는 수평선
황금빛으로 물들어 가는 발자국

미꾸라지

어젯밤 알맹이 없는 난해한 토론
허기진 속풀이로 추어탕집 문을 두드린다
비좁은 통 속 미꾸라지 수천 마리가
엎치락뒤치락 숨을 곳 없는 바닥에 투신한다
벗겨진 살피, 죽은 듯 만신창이 짓무른 놈이 기진맥진
가벼운 영혼이 죽을 고비로
세상에 찌들린 찐득한 허물을 허옇게 토하고
모락모락 불가마에 제 몸을 허락한다
보기 힘든 소름 돋는 순간
불빛 환한 추어탕집 문을 들락날락
허약한 내 손이 기웃거린다

바람이어라

산들바람이 소리 없이 살라 하고
물 흐르는 듯 살라 한다

이름 모르는 신선한 새가
꽃잎에 살짝 스치기만 해도
파르르르 간지럼을 타는 떨림을 어쩌랴

가을비 그친 맑은 하늘
실바람이 푸른 해송처럼 살라지만
쓸쓸한 바람이 옷자락을 어루만지면
짜릿한 전율을 어쩌라

산비탈에서 힘없이 내려오는 바람
가져 갈 것 없는 집착을 풀어 놓고
머무르다 가라지만
찬공기에 엄습해 오는 번민을 어쩌랴

떨어져 푹 젖은 낙엽

푹 젖어 낮은 것은 소리 없이 운다
민들레가 그렇고
냉이 쑥 씀바귀 질경이가 그렇다
짓밟혀도 독하고 여린 목숨
젖은 것은 더 질겨
눈물 흘리지 않고 소리 없이 운다

오래 전 지인의 아들, 비행기 추락사
새까맣게 타들어가던 얼굴
심장에 박힌 독한 가시 피가 마른 듯
울음도 말라
한 방울의 눈물도 흘리지 않았다
얼마나 젖어야
비가 오지 않아도 눈물 흘리지 않고 소리 없이 울까

해인사 소리길

홍류동 계곡
물 흐르는 소리에 귀를 여니
들리지 않던 불경소리 들리네
잠시 잠깐
그곳에 나는 없었네

낙화암
물 떨어지는 소리에
눈을 뜨니
잠시 잠깐
그곳에 나는 없었네

해인사 소리길
천년을 부르는 소리 들리네

4부

등꽃

백양사 가는 길목
꼬불꼬불 주름살로 키운 등꽃
열리고 또 열리고
가는 길마다 환하게 비춰 주네

뒤틀리고 꼬인 세상사
가부좌를 틀고 수백 개 달아 놓은 등꽃
내리고 또 내리고
가는 길마다 환하게 등불 밝혀 주네

봉숭아 꽃물 드는 동안

나는 너에게
너는 나에게

붉게 다가가는 동안
팽팽한 환상이여

봉숭아 꽃물 드는 동안
제각각 그리운 슬픔이여

생채기로 깊어가는 동안
아름다운 눈물이여

해탈하다

사찰에 제 발로 걸어 들어온 개
스님이 해탈아 부르면
고개를 갸우뚱한다
먹고 자고 하품만 하다가도
염불소리에 묵언 중일 때도 있다
제 버릇 못 고치고 노상방뇨
고기맛을 찾는지
절 밖에서 컹컹거리며
사방팔방 돌아다닌다
금줄 은줄 자물쇠 채워 놓고
사랑아 불러도
아이처럼 눈밭에서 마음껏 뒹군다
새처럼 날고 싶은지
길들여진 모진 인연을 끊고 탈출했다

길 고양이

할퀴고 긁힌 생명이
시간이 멈추어 버린 길 위
가시덤불 속에서 꼼짝없이 누워 있는
새끼 곁을 지키고 있는 어미고양이
애타는 햇살이 그늘을 걷어낸다
기댈 곳 없는 차가운 시선
야성의 눈빛이 사라진 지 오래다
몇 년째 먹여 주는 바짓자락에 매달려
잠시 풀밭에서 뒹굴어 본다
긴 가뭄에 시달리던
겨울비는 추적추적 오는데
숨을 곳 없는 깨진 독에 쥐처럼 숨어
쫓기는 절박한 시간
쓰레기통 안에 몸을 구겨 넣고
검은 봉지를 헤집는다
야옹야옹
목 쉰 울음이 밤하늘에 울려 퍼진다

시간 속에서

햇살 좋은 날 장농 문을 연다
나에게서
떠나간 날들이 눅눅하다
작아진 옷, 헐거워진 옷
꾹꾹 눌러 숨겨둔 옷
잊혀진 시간이
새록새록 걸어 나온다
가끔 열어 보던 새옷
색을 탐하던 마음이 들어 있다
구겨지고 젖어 말리지 못한
허한 마음
이젠 먼지 털어 햇살에 말리고 싶다

여름이 달아오른다

허공을 끌고 가는 태풍이
산을 울리고
숲을 울리고
새벽을 깨우고 간다
신들린 듯 한바탕 난타를 치고 간 아침
여름이면 찾아오는 손님
매미가 목 터져라 노래를 부른다
나리꽃이 송이송이 터진다

삼복더위에
대자리를 깔고 책을 보는데
찌이익 날카로운 소리
이글이글 타는 시멘트 바닥에서
견딜 수 없는 삶을 자르는 듯
쇠파이프를 잘라 낸다
시퍼런 욕망의 불꽃
여름이 후끈 달아오른다

주루룩
머리 위에 쏟아지는 소낙비

소나무

깎아지른 절벽
큰 바위 틈에 끼인 소나무
올라갈 곳도
내려갈 곳도 보이지 않는
벼랑 끝에서
뒤엉킨 뿌리로 넘어질 듯
아슬하게 버티고 서 있다
손 놓을 수 없는 이연의 끈을 잡고
더 단단해진 뿌리로
방울방울 매달고 있는 솔방울

손

무엇이든 할 수 있고
마음대로 쓸 수 없는 양면 같은 손
한웅큼의 모래도
한 방울의 물도 젖기만 할 뿐
손에 쥘 수 없는 손
욕망을 선물처럼 손에 꽉 쥐고
쌓아 올린 모래성
바람 잘 날 없는 바람에 흩어진다
관절마다 굳은살 박힌 고단한 손으로
평생 김밥 말아 몇억 원을 기부한 큰손,
그리고 아주 작은 내 손
호주머니 안에 내 손을 슬그머니 집어넣는다

비는 내리고

차들은 약삭빠르게 달린다
어쩌자고
눈치도 없이 세상에 뛰쳐 나왔는지
이 무른 날에
까끌까끌 거칠은 바닥, 긁힌 몸을 끌고
눈도 뼈도 없이 발길에 차이는지
비는 내리고
흙탕물 보도블록에 끼어
질긴 숨을 고르고 엎드린다
차들은 쌩쌩
사람들은 바쁘게 스쳐 지나가고
하루를 견디지 못한 채
피도 흘리지 않고 누워 있나
한 시절 꽃 피우 버찌,
벌겋게 뭉개어져 있고
사람들은 앞만 보고 지나간다

바보야

겨울나무야

아프면 아프다고 말하지
외로우면 외롭다고 말하고
서러우면 서럽다고 말하지

한겨울에
허공을 잡고 서 있느냐
바람을 안고 우는 것이냐
바보처럼

새벽을 기다리는 사람들

수많은 별들이 사라지는 저녁
어둠을 운명처럼 껴안고
그림자를 밟고 가는 사람들
앞도 보이지 않는 가파른 비탈길을
허둥지둥 기울어진 몸을 담보로
마을버스에 몸을 싣는다
햇살이 가슴을 비집고 들어오면
시들한 채소가 잠시 땀을 흘린다
하루가 저무는 가혹한 시간이
모래처럼 퍼석거린다
말간 하늘을 닮은 사람들
이슬을 밟고 새벽을 기다린다

그대를 만나러 간다

한 번도 약속한 적 없는
그대를 만나러 도서관으로 간다
언덕길은 구불텅하고 숨이 가쁘다
초록숲을 만나면 생기가 차오른다
한때 멀기만 하던 그대
빛과 어둠 사이를 오가며
머뭇거리던 시간
갯벌에 빨려 들어가는 갈대처럼
발끝까지 전해 오는 신선한 바람
한 줌 빛을 만나러 간다

캄캄한 밤이었나
일찍 알아버린 비의 눈물
석고처럼 굳었던 시간
막다른 골목에서
그대를 만나 창을 열고
방향을 잃었던 시간 끝에
스며드는 한줄기 빛
내일이면 잊어도
그대를 만나러 도서관으로 간다

안개꽃

언젠가는
알 수 없는 꽃길로 갈 것이다

그날이 오면 무슨 말을 할까

수많은 꽃들은 피고
안개 속에서도 꽃길은 열릴 것이다

그날이 오면
안개꽃이 되어 웃으면서 걸어갈 것이다

빗속의 여자

비가 오면 뜨거워지는 여자
번갯불이 번쩍, 우르르 꽝
저녁이 시끄럽다
끌고 가는 꽃무늬 슬리퍼 빗물 고여
뚝뚝 떨어진다
비가 오면
물속에 잠겨 출렁거린다

아이스크림 손에 들고
생글생글
다소곳 앉아 제비꽃 입에 물고
헤프게 웃는다
누가 버린 꽃신인지
활활 타오르다 젖어버린 꽃
이미 오래 전 너와 나

첫눈이 왔다
하얀 옷을 입고 서 있는 소나무
아파트가 시끌벅적하다

어젯밤 무슨 일이
악몽에 시달리다 헛발을 디딘 거다
백조가 되어 날아가는 꿈을 꾼 거다

잔설이 남아 있는 그늘 밑
동백꽃 붉은 울음 터트린다

가벼울 수 없는 시간

밀양 표충사 일주문 앞
오백 년 넘은 듯한 회화나무
단풍잎이 순수 초록잎을 흔들어요
화려하지도 우울하지도 않는
울긋불긋한 마음을 여미네요
시공을 넘나드는 사명대사,
'조선은 스스로 나라를 지키는 학
일본은 조선을 쫓는 닭이라'며 품격 높은
유교 불교가 공존하는 진리의 여운
금세 단풍잎들이 희희낙락
흔들고 가는 바람에 단풍잎 다 떨어지네요

천 미터 넘는 정상
잎마저 다 져버린 나목
서럽지도 않은 처연한 자태에
숙연한 단풍, 잠시 쉬어 가라네요
가벼울 수 없는 시간이 발밑에 수북이 쌓여요

5부

능소화

손때 묻은 앨범 속에서
파도소리 들린다

한 장, 한 장, 넘기는 얼굴마다
보내지 못한 마음
가지에 주렁주렁 달려 있다
아른거리는 미소
흑백사진 속에서 팔랑거린다
추억이 가슴을 비집고 들어와
바람을 타고 송이송이 부풀린다

지금

월 소득 천만 원 시대
철없는 아이
천만 원이면 십 년은 산다 한다
바람을 막고 우뚝 솟은 빌딩숲 안
해가 뜨는 줄 모르고 시들어 간다
중간층이 사라져 가는 시대
산이 흔들리고 강이 막혀 중심이 기울어진다
지갑을 열면 바람만 오고 가고
백지수표가 남발
땅바닥에 땡그렁 구르는 씁쓸한 동전
배터리가 나간 시계처럼
시간을 모른 채 시간이 가고 있다

갈대

무작정 새벽 기차를 타고
낙동강변을 달린다
물안개가 어둠을 걷어낸다
연초록 낯익은 풍경이 렌즈 속에서
사춘기 바람을 흔들어 놓는다
잔잔한 눈동자로 초록빛을 응시한다

꽃 피기를 소망하며
기쁨에 빠질 사이도 없이
거친 들판에 한 발을 던지고
바람에 떠밀린 굵은 빗줄기
갯벌 위에서
몸을 꼿꼿이 치켜세운다
빛이 타오르던 날카로운 시간이 있었나
빛 속에서 쨍쨍한 노래나 부를까

석양

갯벌 냄새 나는
노화가 캔버스

갈대 하나 가슴에 안긴다

세월 속에 버려진 배 한 척
길 잃은 내 마음 끝없이 흔들리고

불 타던 꿈들은
갯벌 위에 떨어져 멀어져 간다

갈대 속으로 스며드는 노을빛

바람, 불을 안고 온다

얼었다
녹았다
천길 같은 바람
연꽃 만나러 가는 기쁨이다
갈대 숲에서 흐느낀다
달그림자를 밟고 가다
갯벌에 빠진다

늘 따라다니는 바람
갈라진 논바닥에서
양철지붕 위에서
찌익 갈라지는 소리가 난다

한 번도 밀어내지 못한 바람
늦은 골목길에서
이른 새벽 기찻길에서
쩍쩍 갈라지는 소리가 난다
숲에서 숲은 보이지 않고
바람소리만 난다
잠들지 않는 뜨거운 바람
잎이 다 진 겨울 숲에서 잠잠해질까

맑은 들꽃처럼 웃고 싶다

하루를 더해 가는 오늘
무수한 사연을 안고 낙엽이
바람에 흔들린다
산다는 것
나로 인해 스스로 아픈 시간
바람 부는 것으로 흩어진다
시간이 내 것이 아니어도
부서지며 태어나는 파도처럼
사람의 얼굴로 웃고 싶다
밝은 눈동자에 가려진 그늘이
가슴 깊숙한 눈물이라면 차라리
순박한 인간적인 진실
사람답게 사는 것도 힘든
가면의 얼굴
맑은 들꽃처럼 웃고 싶은
오늘 이 시간,

구포 오일장

사람 속에 휩쓸리고 싶어 장에 간다
기역자로 굽은 할머니
등에 업혀 온 곡식
자식처럼 손끝에서 꿈틀거린다
패인 주름살, 찬바람이 할퀴고 갔나
파도가 건져 올린 푸른 생선
바람을 안고 팔닥거린다
알에서 갓 깨고 나온 노오란 병아리
애처로운 눈빛
눈만 멀뚱 복실강아지
비좁은 박스 안에서 어미젖을 찾는지
옹기종기 얼켜 서로 더듬는다
울퉁불퉁 호박, 고구마, 감자
거친 태풍에 시달렸나
전깃줄에 매달린 쪼글한 마른 명태
도마 위 칼끝에 물컹한 생선이
각박한 세상 속 다른 삶의 무늬 같다

흥청대는 오일장에 가면
한 줌 덤으로 주는 풋풋한 정
냉이 쑥 향기에 시들한 마음이 살아 숨쉰다

무표정한 풍경

손짓하는 별빛 너머 꿈을 싣고 달리는 지하철
시선 둘 곳 없는 어진 꽃들이
이상한 요술의 성에서
수많은 별을 헤아리며
상상의 나래를 펴는 중이다
눈 뜨고 졸고 있는 명상의 숲
무수한 사연을 깔고 앉은 초조한 시간
빠른 풍경 속에 나도 없고 너도 없다
어둠 속 차가운 벽,
갈 곳 잃은 동백꽃이
벽에 떠밀려 레일 위에 떨어졌다는 뉴스
붉은 꽃잎, 사각 유리창에 사르르 앉는다
시는 있고 시가 보이지 않는 무표정
지하철은 꽃 피고 지는 줄 모르고 달린다
좁은 문이 열리고
카톡 요술에 빠진 새들은 저마다 꿈을 안고
별빛 너머로 재빠르게 달려나간다
한줄기 빛 속으로 사라지는 사람들

하늘 향해 누군가 쏘아 올리는 화살

참선

똑또르르르 또르르르르
딱따구리 숨어서 운다

귀가 있어도 들리지 않아
네 말이 들리지 않구나

똑또르르르 똑또르르르르

목탁 소리는 들리지 않고
네 소리만 들리는구나
산은 잠시 참선에 드는 듯

사람 소리에 하늘로 날아오르는 새

친구

꽃 피는 삼월

이 좋은 날에는
누가 와도 좋겠네

누가 다녀갔는지
어젯밤 취해
내가 아닌 듯 웃음이 나네

이 좋은 날에는
매화 목련 진달래 잎이 열려
누가 와도 좋겠네

까치나 까마귀
미물이 와도
친구처럼 다정하겠네

몇만 년 전 귀한 사람
안면 없는 사람이 와도
다정하겠네

꽃 피는 날에는
입이 열려 웃음꽃
와르르르 쏟아지겠네

새해 첫날

아이야 눈이 온다
머리에도 오고 가슴에도 온다

이제 막 눈을 뜬 참새
햇살보다 눈부시게
눈꽃보다 환하게
어미 따라 앉았다 일어섰다
걸음마 연습 중
앙증맞은 부리로
작은 벌레도 콕콕 찍어 삼킨다
푸드득 날갯짓
날아오르기도 한다
꽃샘바람 타고 비상하는 새
새해 첫날

태극기의 춤
– 광복 70주년의 아침

붉은 피가 타들어가는 8월
펄펄 끓는 검붉은 울음
환한 웃음으로 펄럭인다

신세계를 꿈꾸는 신선한 불덩이
뼛속까지 파고드는 푸른 영혼
긴 잠에서 깨어나

오대양 육대주
태평양에서 대서양까지
드높은 날개를 펼치며 춤추는 태극기

무심이다

높은 산 빈 가지에 앉아 있는 당신
세상도 멀어지고
사람과 멀어지고
당신은 당신 가까이에 있어
바람이 지나가고
구름이 지나가고
하늘 가까이에 있다 무심이다

사진작가

구순이 넘은 노인이
철쭉 꽃밭에서
꽃 한 송이에 반해 넋을 빼고 서 있다
바짝 다가선 저 기품
환영의 설렘인지
내 눈이 촉촉해져 시선을 돌린다
아름다운 순간을 훔쳐보듯
손이 떨리고 얼굴이 화끈거린다
티가 들어간 내 눈에
아지랑이 같은 시간이 지나가고
그리운 순간을 놓친
아쉬움이 포토그래픽으로 가슴에 남는다

고등어

바다의 피와 살로 한 생이
얼어붙은 찬 바닥에 내동이쳐져 깔려 있다
헐값에 팔려 갈 푸른 살덩이
오메가3 몸에 좋아 백세까지 산다지
내일이면
지글지글 너를 태워 한입에 삼키겠지
바다에서 하던 짓
뱃속에서 출렁출렁 파도소리 들리겠지
바다를 잃고
꿈을 빼앗기고
파도의 뼈로 키운 칼날 같은 시퍼런 날개
핏발 선 시뻘건 너의 눈
마주볼 수 없어 가시가 목에 걸려도
바다에서 춤추는 너의 자유
네 꿈을 기도하는 마음으로 나는 통째로 삼키겠지

시간 모티프를 통해 보여주는 회복의 우주관

박 정 선
(소설가, 시인, 문학평론가)

1

혼란은 정리를 요한다. 흐트러짐은 제자리 잡기를 원한다. 태풍이 불고나면 자연은 잠시 흩어지게 마련이다. 그러나 자연은 다시 회복하는 능력을 보여준다. 시인 역시 스스로 흐트리고 스스로 제자리를 찾아가는 능력의 소유자이다. 관건은 시간이다. 그런데 주지하다시피 시간은 인간의 능력과 전혀 상관이 없다. 시간은 인간과 자연, 자연과 인간에게 강제성으로 존재한 탓이다. 또한 시간은 우주이며, 공기이며 빛으로 존재한 탓에, 인간의 정신세계를 상징한 탓에, 시간을 말한다는 것은 불가능하다. 그렇다면 홍희숙 시인이 말하려는 시간은 대체 무엇일까?

관념세계의 표상을 보여주는 「단, 십일 초」라는 제목부터 심상치 않다. 십일 초란 일단은 숫자적인 시간이다. 그러니까 인간이 정해 놓은 숫자상으로 11초이다. 모두에서 언급했듯이 이 관념의 시간은 우주 공간을 포함하여 인간의 정신세계를 지배한다. 단, 십일 초 사이에 세상은 쉼 없이 돌아간다. 그 순간에 지구상에서는 인간이 태어나고 사랑하고 이별하며, 꽃이 피고 꽃이 지고 어디선가 무수한 사건들이 일어난다. 또한 문학작품에서 시간적 배경이라는 말은 엄격히 말해 공간을 의미한다. 문학은 인간에 대한 모든 것이며, 인간에 관한 모든 것은 시간이라는 공간 내부에서 이루어지기 때문이다.

홍희숙 시인은 이 시간적 공간에서 상상력의 직관을 발휘한다. 크로체는 예술을 직관이라고 규정하면서 직관은 곧 상상이라는 주장을 펼쳤다. 따라서 예술과 직관과 표현과 상상은 모두 하나의 의미를 갖는다. 상상력의 대가로 불리는 가스통 바슐라르(Gaston Bachelard)는 불(물, 공기, 대지 등에서)에서 무한한 상상세계를 펼친 것으로 유명하다. 그리고 이것은 홍희숙 시인의 단 십일 초의 상상력과 좋은 대비를 이룬다.

> ①그 장방형의 틀이 글라디올러스의 암술처럼 붉은 가시나무 장작불을 짓누르는가 싶으면, 어느새 와플이 나의 철판 속에 익어 있었다. 와플은 입술에 댈 때보다는 <u>손으로 집을 때가 더 뜨거웠다</u>. 그렇다. 그때 내가 먹은 것은 <u>불</u>이었다.

나는 불의 황금을 먹었고, 불의 냄새를 먹었고, 타는 듯이 뜨거운 와플이 나의 이 사이에서 바스락거릴 때는 탁탁 튀는 그 불똥을 먹었다.[1] (강조 인용자, 이하 동일)

②꽃은 아픈 만큼 활짝 피나요
꽃샘바람에 심장이 열리고
생살이 찢겨
꽃봉오리가 봉긋봉긋 터지고서
붉은 꽃비가 낭자,
짜릿한 십일 초

꼿꼿하게 서는 망상이
바람의 장난은 아니겠지요
혼미한 햇살에 벌거벗은 나무가

활 활 활 활

성벽에 기대어 온갖 번거로움을 멈추고
각진 의식이 혼절하는 교감

단, 십일 초
왜 꽃은 그토록 아프면서 피나요

-「단, 십일 초」 전문

둘은 똑같은 감각적 이미지를 말하나 ①은 직접 경험으로부터 발생한 상상력이다. 바슐라르가 어린 시절 와플을 구워

1) 가스통 바슐라르, 김병욱 옮김, 『불의 정신분석』, 이학사, 2007. 40면.

먹었던 내용이다. 와풀을 굽는 철판 아래서 가시나무 장작불이 타고 있다. 구워진 와풀을 입술에 댈 때보다는 손으로 집을 때가 더 뜨거웠으며, 그때 먹은 것은 '불'이었고, '불의 황금'을 먹었고, '불의 냄새'를 먹었고, "타는 듯이 뜨거운 와풀이 나의 이 사이에서 바스락거릴 때는 탁탁 튀는 그 '불똥'을 먹었다"고 고백한다. 바슐라르는 와풀을 먹은 게 아니라 불과 불의 황금과 불의 냄새와 불똥을 먹은 것이다. 여기서 흥미로운 구워진 와풀을 입술에 댈 때보다는 '손으로 집을 때가 더 뜨거웠다'는 것에 모든 비밀이 숨어있다. 손은 최고의 감각을 담당한 곳이기 때문이다. 누구나 뜨거운 음식을 먹어본 경험이 한 번쯤은 있을 것이다. 그때 과연 뜨거움에 대한 확장된 상상력이 이어졌는지 스스로 질문해 볼 일이다.

②는 바라봄에서 창출되는 시각화의 상상력이다. 꽃이 핀 상태는 그대로만 보면 흠도 티도 없는 그저 아름다운 꽃일 뿐이다. 그런데 꽃의 속사정은 시인의 눈을 그냥 통과하지 못한다. 시인은 꽃의 사적인 내면을 들여다본다. 꽃은 한 생명체로서 아름다움을 실현했다. 그만큼 아름답기 위해서 인내해야 했던 시련이 분명 있었을 것이라는 상상을 하는데, 시인은 꽃에게 묻지 않고 스스로에게 "왜 꽃은 그토록 아프면서 피나요" 라는 혹독한 질문을 던진다. 이 작품은 첫 행 "꽃은 아픈 만큼 활짝 피나요"와 마지막 행 "왜 꽃은 그토

록 아프면서 피나요"라는 질문에서 아픔을 포착한다. 아름다움은 아픔이 낳은 어떤 성취라 하더라도, 아프다고 해서 '활짝' 피지 못한다는 문제에 천착한다. 따라서 시인은 화자의 눈을 빌려 "꽃샘바람에 심장이 열리고/ 생살이 찢겨/ 꽃봉오리가 봉긋봉긋 터지고서/붉은 꽃비가 낭자/짜릿한 십일 초"라는 급박한 현실을 목격한다. 이 현실은 있는 그대로의 사실이 아니다. 그런데 여기서 ①은 상상의 주체나 서술자가 바슐라르이지만 ②는 시인과 시적화자라는 경계가 발생한다.

폴 엘뤼아르(Paul Eluard)는 "내가 지금 있는 그대로 현실을 보아서는 안 된다"고 강조한다. 있는 그대로를 우리는 자연상태라고 말하는데, 여기에는 좀 생각할 바가 따른다. '있는 그대로'가 문제다. 있는 그대로라면 이 세상에 발견과 발명은 존재하지 않았다. 왜나하면, 발견자들은 자연에서 모든 것을 발견했고 그것으로부터 발명의 단초를 얻기 때문이다. 따라서 자연 상태는 비밀의 세계다. 자연 상태에서 무언가를 발견한 사람들은 모두 인류사에 중대한 입적을 남겨 인류를 오늘에 이르게 만들었다. 곧 상상이다. 상상력이 남다른 사람들은 자연 상태를 보고, 어떤 현상이나 사물을 보고, 상상력이라는 작용이 곧바로 작동되기 시작한 것이다. 인간은 그래서 무한한 희망을 부여받은 존재이며 그것은 아름답고 행복한 신의 축복이다.

엘뤼아르가 있는 그대로 현실을 보아서는 안 된다고 강조한 것 역시 상상을 말하고자 함이다. 또한 상상에서 우러나는 시의 축과 적어도 객관성을 담보한 과학의 축은 역逆 관계에 있다. 그리고 "철학이 희망하는 것은 바로 그런 시와 과학을 상호 보완적이 되게 하는 것, 양자를 잘 어울리는 두 대립자로 결합시키는 것"이라고 바슐라르는 강조한다.

이와 같은 여러 가지 의미를 종합해 볼 때, 홍희숙 시인의 시 세계는 시간적 모티프가 지배한다. 사실 시간을 벗어난 것은 이 세상에 없지만, 홍 시인의 시간은 감당하기에 벅찬 무게를 갖는다. 즉 "어깨에 쌓인 시간이 무거워 내일이 우매해지는 /오늘, 내일을 알리는 종소리가 먼 기억처럼 멀어져/ 시간에 기대는 내 마음 나는 모른다"(「나는 모른다」) 일반적으로 사용하는 '어깨가 무겁다'는 말은 소위 '짐'을 의미한다. 쉽게 말해 부담이다. 그것은 한 가정을 짊어진 가장에게 주로 붙이는 말이거나, 또는 어떤 중책을 맡고 있는 리더나 책임자에게 붙이는 말이기도 하다. 따라서 어깨는 짐과 상응하는 은유이다. 화자는 내일이 불투명한 무엇인가 무거운 짐에 눌려있다. 종소리는 알림이지만 화자는 그 종소리를 미처 의식할 겨를이 없다. 그러나 시간에 기댄다. 시간은 무게로 하여 인간을 구속하면서도 구원하는 까닭이다.

한 번도 눈물 흘리지 않은 것처럼

나비처럼 춤추는 벚꽃
떨어지는 순간이 눈부시다

-「눈부시다」 중에서

아침 햇살에 가차 없이 무너지고
반복되는 하루가 생소해진다
어깨에 쌓인 시간이 무거워 내일이 우매해지는
오늘, 내일을 알리는 종소리가 먼 기억처럼 멀어져
시간에 기대는 내 마음 나는 모른다

-「나는 모른다」 중에서

티브이에서 연일
인간의 유통기한을 백세로 연장한다

-「유통기한」 중에서

흐르는 시간 속에서
뒷모습만 보이고 간 얼굴
희미한 초승달처럼 떠오르고
점점 황금색으로 물들어가는 발자국

-「시간 속에서」 중에서

2

시간은 일단 지구로부터 온다. 지구는 태양의 세 번째 궤도를 돌면서 달을 위성으로 가지고 있다. 태양과 달은 빛이다. 그러니까 지구는 태양과 달을 끼고 돌면서 시간을 만들고 변화를 일으키는 자연의 규칙성을 가지고 있다. 그리고 변화는 생동의 움직임이다. 단 일 초도 똑같은 일은 없다. 초초각각 다른 변화로 하여 지구는 지구로 살아가는 것이다. 그런데 우리는 인간을 한 우주라고 이르기도 한다. 우주는 과학적으로 우주선이 다니는 공간, 즉 대기권 밖의 공간으로서 천체를 포함하는 공간이다. 그리고 철학적으로 우주는 주로 불교에서 인용하는 바, 무한한 시간과 온갖 사물을 포괄하는 공간에 관련된 정신세계를 환유한다. 환유란 무엇일까. 니체는 원래 인간의 판단에는 비유가 깔려있다고 했는데, 흔한 일상의 말 가운데 ①"냄비가 끓어 넘친다."라는 말이나 ②"하늘이 감동한다(노한다)."는 등의 말을 자연스럽게 사용한다. ①은 냄비 안의 내용물을 환유한 것이며, ②는 신을 환유한다. 그러므로 환유란 어떤 것을 말할 때 인과적으로 또는 경험적으로 가까운 이미지를 표상한다.

따라서 우주관에는 외연과 내포적 현상이 존재한다. 외연적 현상은 어떤 대상에 대해 그것에 알맞은 기호를 모으는 방법이다. 이를테면 사랑이란 무엇인가? 라고 했을 때, 여러 가지 사랑에 대한 실례를 보여준 것이라고 할 수 있다. 내포적 현상은 그 말의 본질적 속성을 함의한다. 앞에서 말한 사랑이란 무엇인가? 라고 했을 때 사랑의 실례를 보여주는 것이 아니라 외연을 벗기고 깊숙이 들어가 본질적인 문제에 부딪치게 된다. 기호학의 시조 격인 프레게의 '초저녁별과 새벽별'의 예는 유명하다. 초저녁별과 새벽별은 외연적으로 금성이라는 개념에서는 똑같다. 그러나 내포적으로는 의미가 다르다. 문학적으로 풀어본다면 시간적인 의미와 의의를 갖는다. 즉 초저녁별은 어떤 시작을 의미하며, 새벽별은 일생을 마치는 종말을 의미한다. 뿐만 아니라 내포적인 의미와 의의는 끝없이 확장된다.

홍희숙 시인의 내포적 우주관은 불교사상을 중심으로 하고 있다. "떨어지는 순간이 아름답다"(「눈부시다」), "찬란했던 시간, 순식간에 사라지고/…… 너를 만난 것은 나를 만난 거야"(「소나기」)는 자아에 대한 발견이다. 인간은 진정한 자아를 보기란 어렵다. 거울에 비친 '나'의 이면에 있는 나는 나와 똑같은 어떤 대상을 통해서만 발견할 수 있다. 그러므로 '너'를 통해서 '나'를 만난다는 것은 너와 나와의 동격이다. 이런 의미에서 「꽃게」는 압권이다. "펄펄 끓는 물에 집어넣었다/ 연분홍빛, 발갛게 변한/ 비로소 꽃으로 피어나는 꽃게"는 연단 끝에 꽃이 되는 참선적 고통을 표상한다. 쇠가 천노의 불에서 새로 태어나듯, 새롭게 태어나는 우주관을 보여주기 때문이다.

"내 마음에 꼭 맞는 옷이 없어/ 목욕탕으로 간다"(「색을 탐하다」) 내 마음에 꼭 맞는 옷은 나의 '이상'이다. 또한 색을 탐하며 백화점을 헤맨 것은 욕망과 방황을 상징한다. 화자는 나의 이상을 실현하고 싶은 욕망을 찾아, 또는 방황을 해소하기 위해 백화점을 헤매지만 해결하지 못한다. 대신 목욕탕으로 간다. 목욕탕은 때를 씻어내는 곳이다. 때는 전형적인 욕망의 상징이다. 종교에서는 궁극적으로 마음의 때, 즉 욕망, 증오, 질투 따위를 멀리하기 위해 절대자에 귀의(의지)해 혼신을 바쳐 자신을 단련한다.

금세 단풍잎들이 희희낙낙
흔들고 가는 바람에 단풍잎 다 떨어지네요
천 미터 넘는 정상
잎마저 다 져버린 나목
가벼울 수 없는 시간이 발밑에 수북이 쌓여요

-「가벼울 수 없는 시간」 중에서

사자처럼 울부짖는 가슴을 본 것은
우연이 아니야
붉은 피처럼 쏟아지는 뜨거운 눈물
창백한 얼굴에 가려진 너의 그림자

강물은 끝임 없이 출렁거리고
더 깊어진 강
건너올 수 없었어,
너를 만난 것은 나를 만난 거야

-「소나기」 중에서

어깨에 쌓인 시간이 무거워 내일이 우매해지는
오늘, 내일을 알리는 종소리가 먼 기억처럼 멀어져
시간에 기대는 내 마음 나는 모른다

-「나는 모른다」 중에서

3

철학자들에 의하면 상상은 사실에 매이지 않고 사실을 변용하여 사실보다 더 아름답게 다양하게 만들어가는 것이지만 상상으로 파악한 내용은 허구가 아니라 진리라고 한다. 시는 상상이 만들어낸 표현이다. 철학자 셸링은 '자기 자신을 가장 완벽하게 드러내는 것'이 상상에 의한 예술이라고 했는데, 여기서는 작품의 '화자'에 집중해 보자. 시집 『단, 십일 초』의 2부는 인연에 천착한 작품이다. 그리고 시인의 고독을 가장 짙게 드러낸 작품 군이다. 인간은 자신의 의사와 상관없이 숙명적으로 인연의 고리에 엮이게 된다. 태어나면서 부모와 최초로 인연을 맺게 되는 것을 시작으로, 차츰 주변인들과 인연을 맺으면서 살아가게 된다. 그리고 인연으로 하여 갖가지 행과 불행이 발생한다. 따라서 인연이 인생의 전부라고 할 수 있다.

인간은 학습적 동물, 사회적 동물이라는 말은 그래서 생긴 것이다. 혼자서는 살 수 없는 것이 인간인 탓이다. 그러나 인연으로 하여 다시 치유 받고 위로 받는 것이 또한 인연의 속성이다. 「당신과 나」에서 "당신 손은 얼음장처럼 차가웠고/ 내 손은 몸살을 앓았네"에서 화자는 인연으로 하여 가슴앓이를 했다는 증거가 포착된다. '얼음장처럼 차가웠네'는 과거시제다. 과거에 상대는 화자에게 차가웠다는 고백과 아울

러 화자는 그러한 차가운 손으로 하여 가슴이 아팠다는 흔적이 드러난 것이다. 이제야 "다정하게 손잡아 본 적 없는 당신 손을 잡고" 솔숲 길을 나란히 걸어가는 정황이나 "언뜻 비친 눈물자국" "바람에 힘없이 날리는 머리카락"이며 "소나무 껍질 같은 당신 손"에서 짐작할 수 있는 것은 혈육이다. 그것도 가장 가까운 부모나 형제에 가깝다. 따라서 이 작품은 분명히 부모와 자식 간의 애증을 보인다. 애증은 말 그대로 사랑과 미움이다. 특히 한국사회에서 자식과 부모 사이에 애증관계가 발생한 것은 주로 어머니와 딸의 관계에서 발생한다. 왜일까.

조선시대 국가 이념이었던 유교중심사회에서는 남아선호사상이 뿌리 깊게 존재했고, 여성이 대접받을 수 있는 것은 남자(남편과 아들)의 지위로부터였다. 능력이 있는 남편을 두었거나 훌륭한 아들을 두었을 때다. 현대사회에 와서도 그것은 의식적으로 어머니들에게 존재하면서 딸보다는 아들에게 경제를 투자하는 현실이 존재했다. 심지어 딸은 아들을 잘 키우는 자산으로 활용하는 경우도 많았는데, 한때 유명세를 떨친 여성 소설가 S씨도 공장에 다니면서 남동생 대학공부 시키는데 매진했다고 고백한 바 있다. 반면 딸자식은 모든 걸 희생한 만큼 소외감을 안게 될 뿐만 아니라 가슴에 한으로 남게 된다. 물론 이런 사례가 홍희숙 시인의 경우라고 단정해서는 안 된다. 그럼에도 이런 생각을 하게 된 것은 「인연

』이 보여준 아픔 때문이다. "지갑을 열면 당신 얼굴이 그려져/ 눈물이 글썽글썽", "길들여진 화폐/ 약이었고 독이었네요"는 물질적 관계를 엿보게 한다. 그렇다면 화자는 어머니를 위해 혹은 가정을 위해 물질적 지원을 아끼지 않았다는 짐작이 가능해진다.

그리고 화자는 이제 늙어버린 어머니, 요양원에서 겨우 목숨을 부지하고 있는 어머니를 위해 어머니를 그리워했던 처음으로 돌아가기를 희망한다. 노상 그리워하는 어머니를 애증에서 '미움과 원망'을 제거하고 '사랑'만 품자는 결심이다. "자꾸만 나를 부른다/ 뜻도 없이 사랑을 달라고 자꾸만 나를 부른다"(「침묵」) 어머니는 이제 내가 필요해진 것이다. 그리고 자꾸만 나를 찾는다. 화자는 다시 처음의 어머니와 딸의 관계를 회복하기로 마음 먹는다. "수직관계가 늘 불안"했지만 "이제 가야할 시간이 짧아" 처음처럼 마주보며 걸어가기로 한다.

삶의 캄캄한 방황을 벗어나 긍정을 택한 것이다. 「어디로 가고 있다」에서 '어디'라는 부사는 일정한 목적지가 없다. 방황이다. 그러나 "쏴아 부서지는 떨림으로/ 어디로 가고 있다/…… 생명이 춤추는 바다 어디로 가고 있다" '떨림'은 기대와 희망을 암시한다. 긍정은 계속 이어진다. 「가을처럼 붉게 타오르던 가슴이 있었나」에서 "살아있어 아름다운 시간/ 울긋불긋 단풍잎 떨어지는/ 만추의 숲에서/ 안개꽃 한 무더기 피어오른다", "이제 당신이 조심스레 다가오면 화사한 자태로/ 아무 생각 없이 부드러운 리듬에 맞춰 춤출게요"(「봄의 소리」), "이제 울음을 뚝 그치고/ 긴 어둠의 방에서 두려움 없이 나와/ 방황의 끝자락에서 조용히 슬픔을 껴안고/…… 너의 따스한 눈에 입맞추려 한다"(「봄이여」)는 무념무상의 회복성을 드러낸다. 그리고 「맑은 들꽃처럼 웃고 싶다」에서 "산다는 것/ 나로 인해 스스로 아픈 시간/ 바람 부는 것으로 흩어진다/ 시간이 내 것이 아니어도/ 부서지며 태어나는 파도처럼 /사람의 얼굴로 웃고 싶다"라는 고백은 과감하게 자신의 감옥으로부터 스스로 해방을 선언한 것이다.

당신 손은 얼음장처럼 차가웠고
내 손은 몸살을 앓았네
비 개인 맑은 날 아침
다정하게 손잡아본 적 없는 당신 손을 잡고
솔숲 길을 나란히 걸어가네
뻐꾸기가 노래하면
토끼처럼 한쪽 귀를 쫑긋 돌리는
서늘한 눈에 언뜻 비치는 눈물 자국
햇살에 잠시 번뜩이네
바람에 힘없이 날리는 머리카락
까칠까칠한 소나무 껍질 같은 당신 손
당신 손을 잡고 가는 내 손은 땀에 젖어드네

-「당신과 나」 중에서

막바지 산 능선을 넘어가는 목숨 앞에서
말은 이미 무의미하다
기다려주지 않는 사람의 숨소리가
당신 곁을 떠나 있는 듯
두 눈엔 눈물도 없다
요양원 병실 벽에 가볍게 부딪치는
휠체어 바퀴 구르는 소리
노상 기저귀를 품고 누운 아이보다 더 축축한 몸으로
자꾸만 나를 부른다
뜻도 없이 사랑을 달라고 자꾸만 나를 부른다

-「침묵」 중에서

지갑을 열면 당신 얼굴이 그려져
눈물이 글썽글썽
당신은 늘 외로이 날으는 기러기
언제나 갈증인 나
길들여진 화폐
약이었고 독이었네요
거부할 수 없는 속물
수평이 아닌 수직 관계는
늘 불안했어요
나를 낮추고서 편안한 판세
인연의 긴 시간은 세월만큼 멀어지고
이제 가야 할 시간은 짧아
다정한 눈빛,
처음처럼
마주보며 걸어가야겠어요

-「인연」 전문

난 그늘진 골목길에 익숙하다
막막한 큰길은
오아시스에서 물을 찾는 사막 같아서
눈 부릅뜨고 달려오는 자동차 눈빛
살인 같아서
찬란한 빛에 가린 어설픈 마음
흩어지고 부서지고 깨어지고 비굴해지고
착각하고 마는 우울한 눈빛 같아서

뉘 집 담에 기대어 펑펑 울어도 좋을
그늘진 골목길

-「같아서」 중에서

4

'진정한 예술은 창조적인 예술가의 견딜 수 없는 충동에 의해 생긴다'는 아인슈타인의 말은 예술가들을 전율케 한다. 중국 진晉 나라 시대 거문고의 대가 유백아兪伯牙와 지음知音의 경지에 이른 종자기鐘子期의 이야기, 즉 백아절현伯牙絶絃의 고사를 예로 든다면 가장 적합한 표현이 될 것이다. 백아가 달빛을 생각하며 거문고를 연주하면 종자기는 달을 쳐다보았고, 백아가 강물을 마음속으로 생각하며 연주를 하면 종자기는 벌써 백아의 마음속에 강이 흐른다는 것을 알아내곤 했다. 시는 진리이기 때문이다. 무슨 예술이든 예술에 정신이 지배된 사람들의 정신세계는 그것을 이해하는 자만이 알아줄 수 있고 서로 감정을 교환할 수 있기 때문이다. 땅 속에 묻힌 씨앗은 적절한 환경을 만나면 싹이 트는 건 진리이다.

홍 시인은 작가의 말에서 "나무 밑 그늘이 편안했던 지난날/ 춘란잎이 화선지에 스며드는 전율을 주체할 수 없어/ 꿈속과 세상속 경계에서 방황하던 시간들, /이제 자연 풍경 앞에서/일그러졌던 내 얼굴을 껴안고/ 일상을 접는 노을에 기대어/소외된 사람들에게 시선을 돌리고/풍경으로 서 있고 싶다"고 했다. 소외된 사람들에게 시선을 돌리겠다는 것이나 특히 "춘란잎이 화선지에 스며드는 전율을 주체할 수 없어 꿈속과 세상 속 경계에서 방황하던 시간들"이라는 말은 시인의 삶의 전반기를 드러낸다. 홍 시인은 본격적으로 시를 창작하기 전에 그림을 먼저 그린 것으로 알고 있다. 춘란 잎이 화선지에 스며드는 것이 전율로 그의 영혼을 자극했다는 것은 무의식 세계에 잠재되어 있는 재능이 발동한 탓이다.

그 전율은 이상(꿈속)과 현실의 경계에서 방황하게 만들기에 충분하다. 신은 인간에게 적어도 한 가시 이상의 재능을 준다고 한다. 그러나 그것을 발견하는 것은 각자 개인의 몫이다. 그리고 갈고 닦는 것도 개인의 몫이다. 그런데 자기에게 주어진 재능을 모르고 한평생 살아버린 사람이 더 많다고 한다. 그렇다고 재능을 발견한 것이 반드시 행복이라고도 할 수 없다. 왜냐하면 자신에게 주어진 재능을 발휘하고자하는 욕망을 성취하지 못했을 때는 방황하기 때문이다.

시는 문학 가운데 자가 치유가 가장 높은 분야이다. 인간은 혼자가 아닌 탓에 누구나 살아온 만큼 마음의 상처 즉 외상후증후군을 갖게 마련이다. 의학적으로 외상은 약을 바르면 치유가 되지만 마음속의 트라우마는 약으로 치유할 수 없는 문제로 남는다. 그런데 다행히 예술가들은 스스로 치유하는 능력을 갖고 있다. 시를 창작한다는 것은 자신의 감정을 예술화하기 때문이다. 예술은 먼저 창작자 자신이 카타르시스 화하여 위로를 얻는 것이며 두 번째로 독자에게 돌아가는 성격을 띤다. 그렇다고 다 그 방법을 터득한 것은 아니다. 홍 시인은 작가의 말에서도 드러났지만 「갈아서」에서도 회복의 징후를 드러낸다. "난 그늘진 골목길에 익숙하다"는 고백은 약자에 대한 관심과 배려를 터득한 것이다. "뉘 집 담에 기대어 펑펑 울어도 좋을/ 그늘진 골목길"에 사람이 머물 수 있는 안식처를 발견하기 때문이다. 따라서 홍 시인은 인간의 내면에 자리 잡고 있는 진실에 대한 신뢰가 높다.

시집 『단, 십일 초』는 홍 시인의 첫 시집이다. 어떤 시인에게나 첫 시집은 시작詩作의 연조를 따지기 전에 일종의 실험과도 같은 성격을 띤다. 작품은 세상에 나가는 순간부터 독자들의 몫이기 때문이다. 홍 시인의 시적 재능은 첫눈에 띄는 끼를 보여주는 특별함이 숨어있다. 이 시집 또한 특별함이 있다. 홍 시인의 나이로 봤을 때, 인생의 청춘과 중년기를 정리하고 새로운 출발을 시도한다는 걸 알 수 있다. 중년까지 살다보면 기쁨보다는 아픔이 더 많을 수도 있다. 혹여 그렇다면 이제 모든 것을 청산하고 자신이 누릴 수 있는 일을 찾아 마음껏 누리기를 바란다. 인간은 남을 위해 살아가는 것도 중요하고 아름다운 일이지만, 먼저 자신을 위해 살 줄 알아야 한다. 나 자신도 엄연히 한 인간으로서 타자이기 때문이다. 앞으로 정진하여 더욱 훌륭한 작품을 창작하기를 기대하며, 행복한 창작생활을 기원한다.

홍희숙 시집

단, 십일 초

초판1쇄 발행 2016년 5월 3일

지은이 홍희숙
펴낸이 이길안
펴낸곳 세종출판사

주소 부산광역시 중구 흑교로 71번길 12 (보수동2가)
전화 403-5808, 253-2213~5
팩스 248-4880
전자우편 sjpl@chol.com
출판등록 제02-01-96

ISBN 979-11-5979-018-8 03810

정가 10,000원

* 잘못된 책은 교환해 드립니다.